Jens-J. Schlegel

Das sanfte Licht

der reinen Sonne

Sonnenkügelchen und Sonnenwasser
nach Jakob Lorber

1. Auflage 02.1997

© Licht-Quell-Verlag
D-93010 Regensburg
Postfach 10 10 20
Tel. 0941/ 79 38 42
Fax 0941/ 79 49 10

ISBN 3-926563-60-5

Jens-J. Schlegel

Das sanfte Licht

der reinen Sonne

Sonnenkügelchen und Sonnenwasser
nach Jakob Lorber

Deine Sonne wird nicht mehr untergehen,
denn der Herr wird dein ewiges Licht sein,
und die Tage deines Leidens sollen
ein Ende haben.

Jesaja, Kapitel 60, Vers 20

Inhaltsverzeichnis

Prolog

Wenn es euch dazu drängt,
den Pfad des Schamanen zu
erlernen, so wird das Feuer
euch lehren, das Feuer, unser
Großvater. Und am Tage lernt
ihr vom Sonn. Der Sonn wird
euch lehren, denn der Sonn
ist unser Vater.
Matsuwa, Schamane der
Huichol-Indianer

Niemand wird jemals die Tatsache ernsthaft bezweifeln wollen, daß das strahlende und wärmende Licht unseres Zentralgestirnes Sonne schon zu allen Zeiten der langen Entwicklungsgeschichte des Menschen als dynamischer Motor alles Lebendigen im Bereiche des gesamten ihr zugeordneten Planetensystemes erkannt und angesehen wurde. Der gesamte Lebensrhythmus früher Völker war auf ihrem Zyklus aufgebaut. So wurde sie zum unerschütterlichen Fundament und heiligsten Zentrum ihrer sagenumwobenen blühenden Sonnenstaaten vor der Sintflut. Getragen von der universellen Weisheit jener längst zur Legende gewordenen Aryas oder Sonnensöhne, die in grauester Vorzeit einmal von den Sternen zur Erde gekommen waren, zeugte das religiöse, politische und soziale System dieser Kulturen von einem geradezu faszinierenden geistigen Bildungsstand ihrer Bewohner, der uns Heutigen nur noch stumme Bewunderung abnötigt.

Auch wenn im Verlaufe späterer Jahrtausende, im Zuge einer sich immer weiter ausbreitenden materiellen Weltsicht, diese wahrhaft vom Schöpfergeist getragene kosmische Urreligion in grausamen und blutigen Ritualen der Menschenopfer mündete, gingen Wissen und praktische Anwendung dieser einstigen geistigen Hochblüte niemals ganz verloren.

Im untergegangenen Inkareich Perus und dem vielschichtigen Kulturvolk der nordamerikanischen Ureinwohner (Indianer) lebten sie weiter.

Gerade bei Letzteren beginnt in diesen Tagen, nach einer dumpfen Phase der Lähmung die alte Weisheit wieder aufzubrechen, vor allem aber, von der sogenannten Neuen Welt ausgehend, in allen Teilen und Völkern des Planeten fruchtversprechende Wurzeln zu schlagen.

Vielen Menschen ist der ergreifende *Sonnengesang* des *Franziskus von Assisi* (1182 - 1226 n. Chr.) bekannt. Er hieß mit bürgerlichem Namen *Giovanni Bernardone*, wandte sich um 1206 n.

Chr. einem kargen religiösen Leben zu, gründete schließlich den *Franziskaner-Orden* und wurde 1228 Heiliggesprochen.

Etwa zweieinhalbtausend Jahre vor ihm führte im damaligen, die antike Welt beherrschenden Ägypten König *Echnaton* (Amenophis IV / ca. 1362 - 1346 v. Chr.) den *monotheistischen Sonnenglauben* im gesamten Großreiche ein (monotheistisch = Glaube an einen Gott). Nach seinem Tode wurden allerdings alle Reformen wieder aufgehoben. Welch tiefer Einblick in die Gesetze der Schöpfung dem König gegeben war, geht aus seinem *Sonnenhymnus* hervor, den er der Nachwelt hinterlassen hat: *Du erscheinst am Horizonte des Himmels, du lebendige Sonne, die zuerst war. Du gehst auf im Osten und erfüllst alles Land mit deiner Schönheit. Deine Strahlen umarmen alle Länder, die du geschaffen hast, und du beherrschst sie durch deine Liebe. Gehst du zur Ruhe, so ist die Erde finster, als wäre sie tot. Frühmorgens gehst du auf und machst die Finsternis fliehen. Die Menschen erwachen, sind fröhlich und stehen auf, reinigen ihren Leib und kleiden sich an. Sie erheben ihre Hände, um dich zu preisen. Alle tun ihre Arbeit. Das Vieh ist zufrieden auf der Weide, Bäume* und Kräuter grünen; die Vögel flattern in ihren Nestern und heben ihre Flügel zu deiner Ehre. Die Fische im Strom springen vor deinem Antlitz; deine Strahlen dringen in die Tiefe des Meeres.

Wie zahlreich sind deine geheimnisvollen Werke und bleiben verborgen dem Gesichte der Menschen, du einziger Gott, außer dem es keinen anderen gibt! Du allein hast die Erde erschaffen nach deinem Wunsche, du allein, mit Menschen, Herden und allen Tieren. Einen jeden setztest du an seine Stelle und schufst, wessen sie alle bedürfen. Ein jeder hat sein Eigentum und seine Lebenszeit ward berechnet. Ihre Zungen sind durch die Sprachen geschieden und ihr Äußeres gemäß ihrer Farbe. Du unterschiedest alle Völker! Du hast die Wasser in der Tiefe erschaffen und führst sie herbei nach deinem Belieben, um alle zu ernähren.

Wie herrlich sind deine Beschlüsse, oh Herr der Ewigkeit! Aller Augen können dich schauen, wenn du als Sonne über der Erde stehst. Die Welt befindet sich auf deiner Hand, wie du sie erschaffen hast. Wenn du aufleuchtest, leben alle, wenn du zur Rüste gehst, sterben alle. Du bist das Leben selbst, alle Leben in dir!

Diese Aussage des alten Ägypters bedarf auch in heutiger Zeit keiner Korrektur. Denn überall, auf der gesamten Welt, demonstriert die Sonne Tag für Tag ihre alles beherrschende, unersetzbare Funktion bei der Entstehung, Entwicklung und Gesunderhaltung allen Lebens.

Sei es in den eisigen Regionen von Arktis und Antarktis; an den schattenarmen warmen Sonnenflanken der sturmgepeitschten felsigen Schneegipfel aller Hochgebirge; den mehr als acht Monate im Jahr kältestarren Tundren des Nordens; in den vor scheinbar tödlicher Hitze flirrenden Savannen, Stein- oder Sandwüsten der Trockenzonen; oder im Bereich der für das gesamte planetare Klima so wichtigen, von lebendiger Vielfalt geradezu überquellenden Regenwälder: *Nirgendwo wird auch nur das unscheinbarste, nach menschlicher Beurteilung vermeintlich unwerteste Leben in eine Körperlichkeit hineingeboren, dessen Innerstes nicht vom strahlenden Glanze eines lebendigen solaren Lichtfunkens erleuchtet wäre. Dieser aber ist, seiner göttlich-geistigen Abkunft vollkommen entsprechend, makellos und unvergänglich. Unberührt von Form und Größe seiner sichtbaren Darstellung, erfüllt er, ein jegliches nach seiner Art, den ihm jeweils zugeordneten Evolutionsauftrag mit absoluter Perfektion.* Denn dies *ist gleichermaßen sein individueller Beitrag zum Vorankommen seines eigenen Selbstes und des Ganzen.*

Nichts kann alleine aus sich heraus existieren oder seiner Vervollkommnung entgegenschreiten, außer Gott. Die Vielfalt aller Wesen wird dem Menschen deshalb vor Augen gestellt, um ihm auf diese Weise den seit Jahrmillionen und bis in alle zukünftigen Ewigkeiten andauernden, evolutionären vitalen Schöpfungsakt zwischen *Mutter Erde* und *Vater Sonne* in der äußeren Welt unablässig zu dokumentieren. Denn nur durch Erkennen und Anerkennen der unumstößlichen Tatsache, daß alles Leben aus einer einzigen *geistigen Quelle* hervorgeht und daher auch zur gleichen Familie gehört, kann sich jene *weisheitsträchtige Herzensdemut* entfalten, die ihn über das Tierreich hinaushebt und vom *ichsüchtig Herrschenden* zum *liebevoll Dienenden* verwandelt.

Ein Mann, dem am eigenen Leibe die *segensreiche Heil(ig)ung* eines solch grundlegenden Wandels widerfahren war, der *Apostel Paulus,* schrieb daher in seinem Briefe an die Epheser,

11

Kapitel 1, Verse 16 bis 18, unter anderem: *Ich aber will nicht aufhören für euch zu beten, damit Gott, der Vater aller Herrlichkeit euch einen Geist der Weisheit und Offenbarung gebe, sodaß er die Augen eures Herzens erleuchte und ihr erkennen werdet, welches die Wahrheit und die Hoffnung ist, zu der er euch alle berufen hat.* Dieser, von dem alten Bibelmann im tiefsten Wesensgrund in sein Gebet eingeschlossene Wunsch, findet gegenwärtig seine Erfüllung. Nachdem in der Vergangenheit eine sich über viele Jahrtausende unablässig steigernde materielle Verfinsterung die Menschenseelen irreleitete und von ihrem *göttlich-spirituellen Ursprung* immer weiter entfernte, werden ihnen nun, im Verlaufe weniger Jahrzehnte, die *Augen des Herzens* geöffnet. Einem *kosmischen Pfingsten* gleich, hat die *Ausgießung des heil(ig)enden Geistes* über unser *solares Planetensystem* begonnen und solcherart den bisher wohl entscheidensten *geistigen Evolutionssprung* der irdischen Menschheit eingeleitet.

Weltweit sind inzwischen das *gesetzmäßige Einwirken* überwältigender *kosmischer Kraftströme* spürbar und deren durch diese ausgelöste Veränderungen in allen Lebensbereichen für je-

12

dermann unübersehbar geworden. Nicht nur die *energetischen, klimatischen* und *geologischen Strukturen* des Planeten beginnen sich zunehmend zu *wandeln*, sondern auch das gesamte, in einer nahezu zweitausendjährigen Kulturentwicklung materieller Prägung gewachsene politische, wirtschaftliche, wissenschaftliche, soziale und religiöse Bewußtsein der irdischen Menschheit unterliegt unverkennbar einem offenbar zwingenden Einfluß *völliger Neuorientierung.*

Aufgeschreckt von den Ereignissen im Strome dieser Zeit, sehen immer mehr Menschen ihre bisherige, *bewußt anerzogene Weltsicht* in den Grundfesten erschüttert. Gleichzeitig aber spüren sie im innersten Wesen das erste schwache Morgenrot jener *ewigen universellen Wahrheit* aufsteigen, von der die Bibel schreibt, daß deren Erkenntnis alle Menschen frei machen wird. Frei von äußeren Zwängen, vor allem aber von Angst und Furcht um tägliches Auskommen, Gesundheit oder Leben.

Hildegard von Bingen, jene große Mystikerin aus Rheinhessen, schildert die (bio)logischen Konsequenzen aus Unwissenheit oder bewußtem Fehlverhalten gegenüber der *universellen*

Wahrheit mit den ihr eigenen, dafür aber unmißverständlichen Worten: *Wenn die Menschen sich untereinander in Kriegen schrecken, sich in Haß und Neid oder sonstige sündhafte Widersprüche verwickeln, verkehren sich auch die vier Elemente in eine andere, ihnen eigentlich entgegengesetzte Weise und bringen der Welt und dem Menschen viele Gefahren und machen den Menschen hinfällig und krank.*

Die vier Elemente (*Gesetze des Kosmos*) verkehren sich in eine andere, ihnen *eigentlich entgegengesetzte Weise*. Dies bedeutet: *Die unabänderlichen geistigen Gesetzmäßigkeiten des Schöpfungsgeschehens halten dessen evolutionär, also auf stetige Vervollkommnung der Gesamtheit angelegtes Kräftespiel in einem harmonisch ausgewogenen Gleichgewicht, das dem Vorankommen aller in gleichem Maße dienlich ist. Wird diese Harmonie gestört, werden automatisch entgegengesetzte Aktionen ausgelöst, deren Auswirkungen in aller Regel negative Beurteilungen finden, in Wahrheit aber eine (bio)logische Reaktion zur Wiederherstellung des ursprünglich vorgesehenen Gleichgewichtes sind. Dies gilt auf allen Ebenen, für einzelne*

Wesenheiten gleichermaßen als auch ganze Gruppen.

Der Mensch soll unablässig danach trachten, die Gesetze der Natur (*geistige Wahrheit des Schöpfungsgeschehens*) kennenzulernen und sein gesamtes Denken und Tun danach ausrichten, wenn er keinen Schaden an seiner *geistigen, seelischen* oder *körperlichen Gesundheit*, bzw. *evolutionären Gesamtentwicklung* nehmen will. Nur wenn er durch *Gedanke* und *Tat* stetig darum bemüht ist, in *harmonischer Übereinstimmung* mit *sich selbst*, seiner *Mit-* und *Umwelt* seinen jeweiligen Daseinszustand zu gestalten, kann sich der in seinem innersten Wesen *lebendige Gottesfunke* zusehends entfalten, ihn im wahrsten Sinne des Wortes im *Lichte der ewigen Wahrheit ganzheitlich erleuchten*. Das allein ist der Weg, der ihn zu seiner *Heilwerdung* führen kann. Diesen erkennen und voller tiefstem Gottvertrauen betreten, ist Aufgabe des seines wahren Selbst bewußten Menschen und gleichzeitig *geistiger Inhalt* jener *kosmischen Botschaft*, die nun zunehmend unter dem Zeichen des *Water-Man* (weiser Mensch) den Planeten Erde berührt.

Denn, um noch einmal der alten Benediktiner-
oberin das Wort zu erteilen: *Die ganze(n) Natur
(Gesetze der Schöpfung, d. V.) soll(en) dem
Menschen dienen, so daß er mit ihr (ihnen) wir-
ke, weil der Mensch ohne die Natur weder leben
noch bestehen kann.*

Der unbekannte Prophet

> einmal ein Strom geht und
> kräftig geworden ist, dann ist
> es zu spät, ihn einzudämmen und
> aufzuhalten in seinem Lauf.

> Jakob Lorber (1800 - 1864)

Der aus dem *universellen Bewußtsein Gottes* hervorquellende gewaltige *geistige Energiestrom* des neuen *kosmischen Äons*, erfaßt derzeit unaufhaltsam mit seiner *alles reformierenden Kraft* in zunehmendem Maße das gesamte Planetensystem. Wenn dies naturgemäß auch nicht ganz ohne *schmerzhafte Erschütterungen* vonstatten gehen kann, so wird dennoch solcherart innerhalb nur weniger Jahrzehnte die Geburt eines wahrhaft *evolutionären Zeitgeistes* vorangetrieben und vollendet. Denn dieser erwacht nun in allen Teilen der Welt im innersten Wesen der Erdenmenschen und ist vor allem getragen vom glühenden Gedanken *tätiger Nächstenliebe*, deren uneingeschränkte Verwirklichung *Jesus von Nazareth* zur Voraussetzung eines wahrhaft erfüllten Daseins erhob. Sie allein ist das unerschütterliche Fundament eines neuerlichen irdischen Gottesstaates, der das gesamte innere und äußere Bild des Planeten Erde prägt, wie es in vorsintflutlicher Zeit schon einmal der Fall war. Daher hinterließ auch *Hildegard von Bingen* die zukunftsweisende Aussage: *Liebe hat die Welt hervorgebracht, Liebe wird sie wieder heil machen.*

Rein rechnerisch bricht in Kürze unbestreitbar das *Dritte Jahrtausend* nach *Christus* an. Tatsächlich aber hat dieses *äußere Ereignis* nur *symbolischen Charakter*. Denn in Wahrheit erstrahlt bereits am Himmelshorizont das helle Licht des *dritten Tages* seiner *geistigen Auferstehung* in Herzen der Erdenmenschen und bringt den Eispanzer materieller Erstarrung, der gegenwärtig das irdisch-menschliche Bewußtsein noch umklammert hält, zum Schmelzen. So verkündete schon der *Apostel Petrus* in seinem zweiten Brief, Kapitel 3, Vers 8: *Eine Tatsache aber sei euch nicht vorenthalten, ihr Lieben, daß ein Tag vor den Augen des Herrn wie tausend Jahre ist und tausend Jahre wie ein Tag.*

Diese gesamte *geistige kosmische Entwicklung* voraussehend, schrieb vor nunmehr etwa einhundertfünfzig (150) Jahren der Prophet *Jakob Lorber* in seinen *Predigten des Herrn* denn auch: *Überall lasse ich Funken meines Him-*

melslichtes ausstreuen, überall ertönt mein Va-
terruf: Kehrt um, ihr Betörten, vernehmt die
Stimme eures himmlischen Vaters...!
Bei dem, was nachfolgend in diesem schmalen
Büchlein dargelegt wird, handelt es sich um einen kleinen Teil jener, inzwischen überwiegend
wissenschaftlich bestätigten *geistigen Gesetzmäßigkeiten* innerhalb der Schöpfung, die *Jakob
Lorber* durch eine *innere Stimme kundgegeben*
wurden. Da dieser selbst, ebenso wie sein groß-
artiges Werk, bisher weiten Kreisen unbekannt
blieb, ist es unerläßlich, zu seiner Person, seinem Leben und Schaffen einige aufklärende
Zeilen einzufügen. Denn ähnlich wie *Hildegard
von Bingen, Meister Eckehardt, Jakob Böhme,
Swedenborg* und andere *Erleuchtete* der
Menschheitsgeschichte, traf auch ihn das Ereignis seiner *inneren Hellsicht* völlig unerwar-
tet, sozusagen *aus heiterem Himmel.*
Jakob Lorber wurde am 22. Juli 1800 in Kani-
scha (nördliches Jugoslawien), einem kleinen
Dorfe am linken Ufer der Drau, geboren. Die
Familie lebte in bescheidenen materiellen Ver-
hältnissen, zeigte aber ein große Offenheit ge-
genüber Kunst und Religion. Insbesondere der
Musik war man besonders zugetan, und der jun-

ge *Jakob* ließ schon bald erkennen, daß besonders diese Begabung von seinem Vater auf ihn vererbt war. So erhielt er denn von diesem auch den ersten Unterricht im Geige-, Klavier- und Orgelspiel. Nach dem Besuch des Gymnasiums in Marburg (an der Drau), erwarb *Jakob Lorber* im Alter von achtundzwanzig Jahren in Graz sein Diplom als Hauptschullehrer. Da er keine entsprechende Anstellung fand, widmete er sich weiterhin der Musik, spielte als Organist in einer Kirche, komponierte, gab Gesangs- und Violinunterricht und gelegentlich auch öffentliche Konzerte.

Schon von Kind an fesselte ihn das Studium der Bibel, die ihn sein ganzes Leben lang begleitete. Gleichzeitig vertiefte er sein *geistiges Wissen* und las unter anderem auch die Schriften der oben genannten alten *Mystiker*.

Im Frühjahr achtzehnhundertundvierzig (1840) schien sich eine entscheidende Wende in seinem Leben abzuzeichnen. Denn ihm, dem bis zu diesem Zeitpunkt kein gesichertes Einkommen zur Verfügung stand und der unablässig um sein tägliches Auskommen bemüht sein mußte, wurde eine feste Anstellung als Kapellmeister an der Oper zu Triest angeboten. Unverzüglich packte er diese sich bietende *einmalige Gelegenheit* beim Schopfe und sagte zu. Der Schöpfer oder das Schicksal aber hatten andere Pläne mit *Jakob Lorber*. So trat inmitten seiner sofort begonnenen Reisevorbereitungen jenes tiefgreifende Ereignis ein, das ihn, wie er später selbst einmal in aller Demut sagte, zum *Schreibknecht Gottes* machte.

Am frühen Morgen des 15. März 1840, wenige Augenblick nach seinem Morgengebet, hörte er aus seinem Herzen heraus eine deutliche Stimme, die ihn unmißverständlich und keinen Widerspruch duldend zur Tat rief: *Steh auf, nimm deinen Griffel und schreibe!*

Für *Jakob Lorber* gab es kein Überlegen oder Abwägen zwischen der sich bietenden Chance in Triest und jener mysteriösen Aufforderung mit ungewissen Zukunftsaussichten, er gehorchte. Mit Griffel und Papier ausgestattet setzte er sich nieder und begann zu schreiben, was diese *innere Stimme* ihm in deutlichen Worten diktierte, die Einleitung zur *Haushaltung Gottes*, seinem ersten Werk: *So spricht der Herr für jedermann, und das ist wahr, getreu und gewiß: Wer mit Mir reden will, der komme zu Mir, und Ich werde ihm die Antwort in sein Herz legen;*

jedoch die Reinen nur, deren Herz voll Demut ist, sollen den Ton Meiner Stimme vernehmen. Und wer Mich aller Welt vorzieht, Mich liebt wie eine zarte Braut ihren Bräutigam, mit dem will Ich Arm in Arm wandeln. Er wird Mich allezeit schauen, wie ein Bruder den andern Bruder, und wie Ich ihn schaute schon von Ewigkeit her, ehe er noch war. Den Kranken aber sage: Sie sollen sich in ihrer Krankheit nicht betrüben, sondern sollen sich ernstlich an Mich wenden und sollen Mir ja ganz trauen. Ich werde sie trösten, und ein Strom des köstlichsten Balsams wird sich in ihr Herz ergießen, und des ewigen Lebens Quelle wird unversiegbar in ihnen offenbar werden; sie werden genesen und erquickt werden wie das Gras nach einem Gewitterregen. Die Mich suchen, denen sage: Ich bin der Wahre überall und nirgends. Überall bin ich, wo man Mich liebt und meine Gebote (Gesetze der Schöpfung, d. V.) hält, nirgends aber wo man mich nur (dem äußeren Scheine nach, d. V.) anbetet und verehrt. Ist denn die (tätige, d. V.) (Nächsten)Liebe (zur Mit- und Umwelt, d. V.) nicht mehr denn das Gebet, und die Haltung der Gebote nicht mehr denn die Verehrung? Wahrlich, wahrlich, Ich sage dir: Wer mich *liebt, der betet mich im Geiste an, und wer meine Gebote hält, der ist's, der mich in Wahrheit verehrt! Meine Gebote aber kann niemand halten als nur derjenige, der Mich liebt; der Mich aber liebt, hat kein Gebot mehr als dieses, daß er Mich liebt und Mein lebendiges Wort, welches das wahre, ewige Leben ist.*

Was an diesem Morgen, kurz nach sechs Uhr in der Frühe begann, setzte sich in den nachfolgenden vierundzwanzig (24) Jahren ohne nennenswerte Unterbrechungen fort. *Jakob Lorber* schrieb während dieser Zeit täglich mehrere Stunden ununterbrochen, und ohne auch nur ein einziges Mal in irgendwelchen anderen Büchern nachzuschlagen. So entstanden insgesamt fünfundzwanzig (25) fünfhundertseitige (500) Bände, wobei zahlreiche kleinere Schriften dabei nicht berücksichtigt sind. Alleine die literarische Leistung vom Umfange her betrachtet, stellt alles bisher dagewesene in den Schatten. In der gesamten bekannten Menschheitsgeschichte kann kein Schriftsteller oder Dichter auch nur annähernd mit einem ähnlich umfassenden Werk aufwarten. Was *Jakob Lorber* an Kenntnissen im Zusammenhang mit den *inneren kosmischen Gesetzmäßigkeiten* und *Entwicklungszyklen* der

Schöpfung von Anbeginn bis in eine fernere Zukunft vermittelt, wobei viele Aussagen erst später durch die moderne Naturwissenschaft ihre Bestätigung fanden, wird rein vom rationalen Verstande her betrachtet immer ein Rätsel bleiben und bedarf auch keiner weiteren Klärung. Denn sein Werk spricht für sich selbst und wird jetzt, genau wie das einer *Hildegard von Bingen*, im Zuge der bereits voranschreitenden *evolutionären Bewußtseinsentfaltung* des Erdenmenschen unter dem Zeichen *Water Man* (weiser Mensch) unaufhaltsam die entsprechende, vom *Geiste tätiger Nächstenliebe* geprägte *Würdigung* finden.

Der bislang weithin unbekannte *Prophet Jakob Lorber* verlor nie seine demütige Selbsteinschätzung. Er erfüllte die ihm gestellte große Lebensaufgabe ohne sie auch nur ein einziges Mal zu hinterfragen und starb am 24. August 1864, wie er es selbst vorausgesehen hatte. Sein Grab befindet sich auf dem St. Leonhard-Friedhof in Graz. In den darauf errichteten Stein wurden jene Worte eingemeißelt, die der *Apostel Paulus* in seinem *Briefe* an die *Römer, Kapitel 14, Vers 8* geschrieben hat, und die nicht zutreffender hätten sein können: *Wir mögen leben oder sterben, so sind wir des Herrn.*

Es werde Licht

Und Gott sprach: Es werde Licht.
Und es ward Licht. Und Gott sah,
daß das Licht gut war.
1. Buch Mose, 1. Kap., Verse 3/4

Alle Erscheinungen in der äußeren Welt haben ihre *geistige Ursache.* Vom winzigsten, mikroskopisch kleinsten Partikelchen bis hin zu den gewaltigen Sonnenkörpern in den unendlichen Weiten des Universums. Ihnen allen wohnt eine, ihre gesamte Körperlichkeit durchdringende und bestimmende *lebendige Kraft* inne, die das wahre Wesen bestimmt und ihren Ausgang nimmt im *unerschöpflichen Gedankenozean Gottes.* Deshalb schrieb auch der bekannte Volksschriftsteller *Ludwig Ganghofer* in seiner Abhandlung *Das Schweigen im Walde: In jedem Ding, ob es tot erscheint oder atmet, lebt der große weise Wille des Allmächtigen und Allwissenden.*

Nichts existiert ohne tieferen Sinn und Zweck, alles hat seine *bestimmte Lebensaufgabe* im jeweiligen Daseinszustand zu erfüllen. Allein deren mutige, tatfreudige *(Auf)Lösung* bedeutet, zur nächsten Sprosse der endlos langen Evolutionsleiter *aufgestiegen*, von einem weiteren Teil *materieller Illusion losgelöst*, wieder um ein wenig mehr *geistig durchlichtet* und somit der *göttlichen Vervollkommnung nähergekommen* zu sein. Denn ein jedes *(Da)Sein* in der gesamten unendlichen Schöpfung, ob unsichtbar oder sichtbar, ging und geht aus den *ewigen Lichtenergiegedanken des lebendigen Gottesgeistes* hervor.

Im Evangelium des *Johannes, Kapitel 1, Vers 1* steht zu lesen: *Am Anfang war das Wort, und das Wort war bei Gott, und Gott war das Wort.*

Dies ist nicht nur eine äußerst mangelhafte Übersetzung, sondern auch die Menschen irreführende Wiedergabe des alten Originaltextes. Dem aufmerksamen Leser wird nicht entgehen, daß bereits in den nachfolgenden Versen 3 bis 10 eine die obige richtigstellende Aussage erfolgt, deren Inhaltlichkeit, wenn auch nicht für jedermann sofort erkennbar, die *ursächliche Wahrheit* in ihrem tatsächlichen Zusammenhang hervortreten, oder im *rechten Lichte* erscheinen läßt.

Da für das menschliche (Selbst)Verständnis die *Erkenntnis* der fundamentalen Bedeutung dieses auch heute noch alles *(ver)ursachenden Schöp-*

fungssachverhaltes von allergrößter Wichtigkeit ist, hier nun der weitere Wortlaut des Textes: *Alle Dinge sind durch dasselbige gemacht, und ohne dasselbige ist nichts gemacht, was erschaffen ist. In ihm ist das Leben, und das Leben ist das Licht der Menschen. Und das Licht scheinet in der Finsternis, aber die Finsternis hat es nicht erkannt. Es ward ein Mensch von Gott gesandt, der hieß Johannes. Derselbige kam zum Zeugnis, daß er von dem Licht kündete, auf daß alle durch ihn den Glauben finden. Er war nicht das Licht, sondern daß er kündete von dem Licht. Denn das ist das wahrhaftige Licht, welches alle Menschen erleuchtet, die in diese Welt kommen. Es ist in der Welt, und die Welt ist durch das Licht gemacht.*

In seinem *Großen Evangelium des Johannes, Kapitel 1, Verse 5 bis 8* nimmt *Jakob Lorber* zu diesem gesamten Bibelabschnitt Stellung und berichtigt wie folgt: *Gott ist ohne Anfang und Ende. Gott ist die Grundursache allen Seins. In Gott ist das Licht. Gott selbst ist das Schöpfungsurlicht.*

Ähnlich äußerte sich auch *Hildegard von Bingen* in diesem Zusammenhang. Denn sie berichtet es sei das *lebendige Licht* gewesen, dessen

27

sie mit ihrem *inneren Auge* gewahr wurde, bevor ihre *visionäre Schau* der gesamten Schöpfung, die nicht ohne Grund gerade in der heutigen Zeit das Interesse der Menschheit fasziniert, ihren Anfang nahm.

Auch die neuesten wissenschaftlichen Forschungsergebnisse kommen zu dem gleichen Schluß: *Alles Lebendige ist in Wahrheit Lichtenergie, die sich in unzähligen unterschiedlichen Schwingungsmustern zu ebenso vielen materiellen Erscheinungsformen verdichtet und somit für das eigens nur zu diesem Zwecke konstruierte äußere Auge der Lebewesen, ob Mensch, Tier oder Insekt, sichtbar wird.*

Gleichzeitig aber wurde auch festgestellt, daß der *Lichtenergiepool* einer jeden sich in der äußeren Welt darstellenden *materiellen Körperlichkeit* (Mensch/Tier/Insekt/Pflanze/Stein) durch regelmäßige Aufnahme von *lebendiger lichtreicher Nahrung* aufgefüllt werden muß, wenn diese über einen langen Zeitraum *gesund und in guter Funktion erhalten werden soll.* Wobei sich sozusagen am Rande noch eine Tatsache herausstellte, deren zwingende Konsequenz aus der Ernährungweise des Menschen sowie dessen Gesundheitszustand, insbesondere in den sogenannten zivilisierten Ländern dieser Erde, bezeichnend ist.

Denn es hat sich erwiesen, daß alle *tierischen Nahrungsmittel* (Fleisch/Milchprodukte/Eier), sowie sämtliche chemisch behandelten und überwiegend maschinell verarbeiteten sogenannten Lebensmittel eine *dramatische Energieverarmung* aufweisen. Sie sind im wahrsten Sinne des Wortes tot und *entziehen* dem sich solcherart überwiegend ernährenden Menschen *Lichtenergie*, anstatt ihm solche zu geben. Damit aber wird nicht nur das *körpereigene Immunsystem permanent geschwächt*, sondern auch allen vorhandenen *unbewußt* (vegetativ) *gesteuerten Regulationsmechanismen* die Fähigkeit genommen *in vorgesehener Weise* zu arbeiten. Somit werden Fehlfunktionen und nachfolgende Krankheit unweigerlich vorprogrammiert. Der bisher noch nicht wissenschaftlich bewiesene (oder verheimlichte?) Verdacht liegt sehr nahe, daß dies auf die derzeit sicher nicht zu Unrecht noch umstrittenen *gentechnisch veredelten Ernährungsprodukte* ebenso zutrifft wie den übertriebenen Konsum chemischer Arzneimittel, die ja unzweifelhaft im *(bio)logischen Sinne* auch als *nicht lebendig* bezeichnete werden können.

In diesem Zusammenhang gesehen erhalten jene Worte einen *unmißverständlichen Sinngehalt*, die der *Apostel Paulus* in seinem *1. Brief* an die *Korinther, Kapitel 3, Verse 16* und *17* schrieb: *Wisset ihr nicht, daß euer Leib der Tempel ist, in welchem der Geist Gottes Wohnung hat? So jemand den Tempel Gottes **verunreinigt**, den wird Gott zurechtweisen, denn der Tempel ist heilig, und der seid ihr.*

Auch *Hildegard von Bingen* kommt zu dem gleichen Schluß, wenn sie in den ihr eigenen wenigen, dafür aber klaren Worten sagt: *Der Mensch lebt in der Mitte Gottes, und Gott in der Mitte des Menschen!* - Dies ist eine klare und eindeutige Aussage der großen Mystikerin. Denn sie spricht hier keineswegs von einem sich für den Erdenmenschen in unerreichbarer Ferne des Weltraumes befindlichen, nur in der Phantasie vorstellbaren *alten Göttervater* mit würdevollem grauem Haarschopf und Rauschebart, der in ein weißes wallendes Gewand gehüllt von dort aus mit *drohend erhobenem Zeigefinger* und *unnachgiebiger Unbarmherzigkeit* die Geschicke des ach so sündigen Erdenmenschen bestimmt. Vielmehr kündet auch sie von dem in allem Wesenhaften *lebendigen Lichtfunken göttlicher Herkunft* und insbesondere vom *schöpferischen Auftrag eines jeden Menschen*, auch nicht eine einzige Sekunde seines Lebens zu versäumen, dessen Leuchtkraft und Wärmewirkung durch unablässiges eigenes tatfreudiges Bemühen stetig zu verstärken und in der sichtbaren äußeren Welt zum Durchbruch zu verhelfen.

In diesem Zusammenhang gewinnen auch die Worte *Jesu* eine ganz besondere Bedeutung, wenn er bei *Johannes, Kapitel 10, Vers 30* unmißverständlich sagt: *Ich und der Vater sind eins.*

Wie keinem anderen Menschen der bisherigen Geschichte war es ihm gelungen, diesen allem Erschaffenen innewohnenden lebendigen Gottesfunken in sich selbst zum Strahlen zu bringen. Sein Hier- und Tätigsein entzündete auf diesem Planeten in der Tat ein *leuchtendes Zukunftslicht*, dessen *weltumspannende Aus(sen)wirkungen* erst jetzt, innerhalb einiger weniger Jahrzehnte, mit dem Aufgang eines neuen kosmischen Zeitalters, unaufhaltsam global zur Entfaltung kommen.

Denn ihm war es aufgetragen ein Zeichen zu setzen und die Menschen auf ihre kommende Aufgabe vorzubereiten, durch ihr Denken und Tun dieses große evolutionäre Ereignis mit voranzutreiben, sozusagen als *Geburtshelfer* bei der *Niederkunft* dieses *Äons* des *geistigen Erwachens* und der *unvoreingenommenen Nächstenliebe aktiv tätig* zu sein. Daher rief er ihnen auch bei *Johannes, Kapitel 8, Vers 12* zu: *Ich bin das Licht der Welt, wer mir nachfolget, der wird nicht wandeln in der Finsternis, sondern wird das Licht des Lebens haben.*

Denn er wußte, daß die großen *kosmischen Informationen* in den Herzen der Menschen *zuerst* eine *Verwandlung* oder *Transformation* bewirken müssen, damit diese vom *materiell geprägten Verstandeswissen* zur *geisterfüllten liebenden Herzensweisheit reifen können.* Allein dadurch werden sie auch befähigt, ihrer *göttlichen Bestimmung* gerecht zu werden. So fordert er denn auch bei *Matthäus, Kapitel 5, Verse 14* bis *16* alle Menschen auf, Mut zur *Selbsterkenntnis* zu haben und unverzüglich den aufgezeigten Weg *tatbereit* zu beschreiten: *Ihr seid das Licht der Welt. Es kann die Stadt, die auf dem Berge liegt, nicht verborgen bleiben. Man zündet auch nicht ein Licht an und setzt es unter einen Scheffel, sondern auf einen Leuchter, so leuchtet es allen, die im Hause sind. Also lasset euer Licht leuchten vor den Menschen, daß sie eure* **guten Werke** *sehen.*

Einer jeglichen Veränderung oder Wandlung *äußerer Verhältnisse* muß zwingend eine entsprechend ausgerichtete *Neuorientierung innerer Bekenntnisse* vorausgehen. Nur aus der *richtigen geistigen Gesinntheit* erwachsen dem Menschen *rechte körperliche Gesundheit* und damit auch gleichzeitig die Fähigkeit, für sein *äußeres Wohlergehen* in *ausreichendem Maße* selbst zu sorgen. Allein die bewußt zum *freudigen Tun* erhobene *Heiligung* seines *Herzdenkens,* führt unabdingbar zur *Heilwerdung* und *Umstellung* seiner *gesamten Lebensumstände.* Deshalb hat *Hildegard von Bingen* einmal gesagt: *Wenn der Mensch sich Gott anvertraut und ihn im* **rechten Maße** *bittet, dann wird ihm von Gott geholfen.*

Denn was der Mensch *im Geiste sät,* das muß er auch in seiner *äußeren Welt ernten.* Keine Macht der Erde, nicht einmal im gesamten unendlichen Universum kann ihn von dieser zwingenden, überall gültigen Schöpfungsgesetzmäßigkeit befreien. Es liegt allein im Ermessen seines frei wirkenden *geistigen Evolutionsreifegrades*, dies zu erkennen und entsprechend umzusetzen. Hat er Weizen ausgesät, dann kann daraus kein Hafer hervorgehen. Deshalb sagte *Jesus* bei *Matthäus, Kapitel 7, Vers 16: Kann man denn Trauben lesen von den Dornen, oder Feigen von den Disteln?*

Wer überwiegend mit düsteren Gedanken durch das Leben geht, sich selbst, seiner Mit- oder Umwelt ständig mißtraut und all seinen Mitgeschöpfen ablehnend, mitunter gar lügenhaft, betrügerisch, feindselig, in einem Worte *lieblos* gegenüber tritt, der braucht sich nicht zu wundern, wenn die Sonne seines Daseins ständig hinter finsteren Gewitterwolken verborgen bleibt. Denn nichts ist *niederschmetternder, hinabziehender, unseliger* und *entheil(ig)ender* für einen Menschen, als die ihm geschenkte Lebenszeit mit *freudloser unmutiger Stimmung* zu verschwenden. Eine solche, jegliche *vitalen Lebensprozeße lahmlegende Geisteshaltung* wird nur aus einem *glaubensunfähigen*, in tiefstem *Seelengrunde gottvergessenen Herzen* geboren, das in seiner *ichverhafteten stoffgebundenen Schattenwelt* gefangen ist und sich weigert, die diese erst *bedingende darüberflutende schöpferische Lichtfülle* anzuerkennen.

Ein *afrikanisches Sprichwort* sagt sinngemäß: *Wer sein Gesicht der Sonne zuwendet, kann den hinter ihm liegenden eigenen Schatten nicht mehr erkennen.*

Einem Menschen aber, der diesen *weisen Rat* mit für die ewige Wahrheit der Schöpfung offenen Sinnen befolgt, werden mehrere Tatsachen zur gleichen Zeit bewußt, die in direktem Zusammenhang mit unserem Zentralgestirn stehen, und deren Vorhandensein bei der heute leider üblichen oberflächlichen Betrachtungsweise kaum jemand auffallen.

Denn er nimmt nicht nur das *sichtbare Licht* und die *spürbare Wärme* wahr, sondern fühlt gleichermaßen in seinem *innersten Wesen* eine *tiefe Seelenverwandtschaft*, die ihm einen *überwältigenden geistigen Ein-Klang* mit *Vater Son*, *Mutter Erde* und schließlich allen Wesen innerhalb der gesamten Schöpfung offenbart. Für ihn werden jene berühmten Worte des Häuptlings *Chief Seattle* von den *Duwamish-Indianern* zur unwiderlegbaren Gewißheit, die dieser im Jahre 1855 an den damaligen Präsidenten der Vereinigten Staaten von Amerika, *Franklin Pierce* schrieb: *Gott liebt uns alle, denn unser Gott ist derselbe Gott, und diese Erde ist ihm heilig. Auch der weiße Mann kann der gemeinsamen Bestimmung nicht entgehen, weil wir doch alle Brüder sind.*

Im Ein-Klang mit der Schöpfung

> Und sehet, so hat jeder Mensch den
> Keim seines geistigen Zustandes, der
> die eigentliche Welt ist, schon in sich.
> Er ist auf dieser Welt ein Lebens-
> fünklein, das sich kräftigen soll zu ei-
> ner Lebenssonne. Aus seinem atom-
> großen Lebenskeime soll ein riesiger
> mächtiger Lebensbaum werden.
> Jakob Lorber

Die gesamte unendliche, sich stetig erweiternde
Schöpfung ist ein riesiger, unauslotbarer *Ozean
geistiger Lichtenergie*, dessen *Urquell* dem *voll-
kommenen, demütigen*, von *reiner Liebe* zu seinem Werk *durchglühten Herzensbewußtsein
Gottes entströmt*. Denn dessen *schöpferisch-
evolutionäre, vitale* und *niemals endende Ge-
danken-Springflut "wahrhaft heil(ig)enden Wassers"* stellt jene alles Leben hervorbringende
und vorantreibende *universell wirksame Kraft*
dar, die gleichermaßen *unbeeinflußbarer Informationsträger* einer jeglichen *kosmischen Gesetzmäßigkeit*, als auch *Garant* für die in deren
Rahmen vorgesehene *homogene Höherentwick-
lung* allen Seins ist. Alleiniges Ziel dieses gesamten Geschehens aber ist, einen jeglichen, am
Anfang noch so winzigen oder (nach menschli-

chem Ermessen) unscheinbaren *Lebenskeim* im Verlaufe von *unüberschaubaren Zeiträumen* und ebenso *ungezählten Daseinzuständen* auf einer *unendlichen Vielzahl* von *Lebensebenen* innerhalb der *endlosen Räume geistig* so zu *schulen,* daß er dem *Bilde seines Gottes* immer ähnlicher wird. Denn dann *schlägt ihm jene Stunde* der *geistigen Wiedergeburt,* die ihn selbst zum *Schöpfer* eigener *neuer Welten* werden läßt. Deshalb sagte *Jesus von Nazareth* in seiner berühmt gewordenen Bergpredigt bei *Matthäus, Kapitel 5, Vers* 48: *Darum sollt ihr vollkommen sein, gleichwie euer Vater in den Himmeln vollkommen ist.*

Ein jegliches Sein geht also zunächst als winzigstes dynamisches Lebensfünkchen vom alle vergangenen und zukünftigen Ewigkeiten durchdringenden Schöpfungslichte *göttlicher Schaffensintelligenz* aus, um sich über ungezählte *Bewußtseinsebenen* hinweg zur *energiereichen Strahlenfülle* einer *lebendigen Vater-Mutter-Sonne* zu entwickeln. So ist bereits bei ihrer Geburt, trotz eines vermeintlich *unscheinbaren Beginns,* der *geistige Entwicklungskeim* eines späteren Gottes in einer jeden Wesenheit angelegt. Auch unter dem graugrünen Kleide einer kleinen Eichel verbirgt sich die mächtige Größe des späteren Baumes. Daher heißt es auch in *Psalm 82, Vers 6: Ihr seid Götter und allzumal Kinder des Höchsten.*

Dieser *Höchste* aber und alle *Wesenheiten,* die im Verlaufe des niemals endenden *Evolutionsgeschehens* zu seiner *Vollkommenheit* reifen, sind das Leben und die dieses vorantreibende *tätige Liebe.* Denn deren *freudige Umsetzung* allein (Nächstenliebe) ist *oberstes Gebot* und *heil(ig)ende Verpflichtung* des Menschen im neuen kosmischen Zeitalter. Nur wenn er unablässig diese durch *selbstlose Tat willentlich vollendet,* kann auch er *Vollendung* erlangen, dem Bilde seines Gottes gleich werden und in **Ein-Klang** mit dem **Ein(igend)en Klang** der großen *Schöpfungssymphonie* gelangen.

Jakob Lorber drückt diese Zusammenhänge in seiner Abhandlung *"Die geistige Sonne"* mit folgenden Worten aus: *Ich streue das Leben in kleinsten Partikeln aus mir hinaus in die endlosen Gebiete Meines allwaltenden Seins, um aus jedem dieser kleinsten Lebenspartikel ein höchst potenziertes* (vervollkommnetes, d. V.) *Leben zurückzubekommen. Außer mir gibt es nirgends ein Leben, und daher auch bin ich ewig die Nährquelle für alles Leben!*

Wer im wahrsten Sinne des Wortes solcherart **geheil***(ig)***t**, das heißt *geistig, seelisch* und *körperlich*, in seiner *Gesamtheit* also, **durchlichtet** werden will, braucht sich lediglich unvoreingenommen, mit *freudiger Tatbereitschaft* im Herzen, dem **wärmenden Einstrom** *dieses* **Ein***(en)***flusses kosmischer Lichtenergie** zu öffnen. Da sich alle Dinge und Wesenheiten innerhalb der gesamten Schöpfung in einem ständigen Informationsaustausch mit- und untereinander befinden, kann eine solch *schöpferische Lebenseinstellung* nicht ohne *Aus(sen)wirkung* bleiben. Daher wird sie *folgerichtig* keineswegs allein dem *Einzelnen* zu *innerem* und *äußerem Segen* gereichen, sondern gleichermaßen der *stetigen evolutionären Fortentwicklung* der *ganzen Gemeinschaft* **dienen** und damit das **geistige Vor-** als auch **materielle Erscheinungsbild** des *Planeten nachhaltig verändern.*

Sobald immer mehr einzelnen Menschen die *gemeinsame Abkunft alles Lebendigen* bewußt wird und sie sich *global* zu einer stetig wachsenden **gedanklichen Lichtgemeinde neuen Geistes** zusammenschließen, muß zwingend jene *kritische Masse* erreicht werden, die zur *In-itialzündung* einer *unaufhaltsamen Kettenre-aktion* ausreicht, um den *Tag des Herrn herauf-zubeschwören, der da kommt wie ein Dieb in der Nacht* (1. Thessal., Kap. 5, Vers 2), die *Welt mit einem Schlage umzukrempeln.* Denn die jeweilige *Geisteshaltung* bewirkt immer eine entsprechende *Seelenschaltung*, und diese ist wiederum *zwingende Ursache* der *äußeren Lebens-gestaltung*.

Keine geringere als *Hildegard von Bingen* ist es, die den Menschen immer wieder an diese *ge-setzmäßige Tatsache* erinnert und gleichzeitig ermunternd auffordert, seinem Schöpfer in *Ge-danken und Tun unermüdlich* - weil niemals müde werdend - *nachzueifern*, da dies der einzige Weg ist, mit diesem *Eins* zu werden und *Vollkommenheit zu erlangen,* so, wie *Jesus von Nazareth* es einst verkündete: *Alles, was Gott geschaffen, hat er in Liebe, Demut und Frieden vollendet. Deshalb kann auch der Mensch nur in wahrer Liebe und Demut zum Frieden finden. Wenn der Mensch in der Liebe lebt, die Demut ergreift und den Frieden hält, dann stürzt er nicht ins Verderben. Denn mit diesen Gottes-kräften allein heil(ig)t ihn der Schöpfer, bis daß der Mensch zu seinem Ursprung zurückgekehrt ist.*

Liebe, Demut und Friedfertigkeit sind unzweifelhaft Wesenszüge *geistigen Ursprunges.* Ihre Geburtsstätte ist nicht der *äußere Weltverstand* des nüchternen *kalten Kopfwissens,* sondern das von *unerschütterlichem Gottvertrauen* getragene *innere reine Empfinden* einer im *tiefsten Wesensgrunde glühenden lebendigen Herzensweisheit.*

Verstandeswissen wiederum kann der Erdenbürger sich in vielfältiger Weise durch Studium an entsprechenden Menschenschulen aneignen. Mag es auch in noch so bunten Farben schillern, es ist ein *äußeres Bekenntnis* und den *täuschenden Schattenbildern* der *materiellen Erscheinungen* im Schöpfungsreigen *entlehnt.* Da *stoffgebunden,* bleibt es unentrinnbar deren Gesetzmäßigkeiten unterworfen. Somit ist es je nach kulturellem Entwicklungsstand und dem vorherrschenden Zeitgeist gleichermaßen *veränderbar* und *vergänglich.* Die bis zur Jetztzeit nachvollziehbare Menschheitsgeschichte zeugt mit unzähligen Beispielen von dieser Tatsache.

Um **Herzensweisheit** zu erlangen, bedarf es einer *inneren Erleuchtung* durch das **Licht und** *die Wärme der ewigen Wahrheit.* Diese aber ist eine *Erkenntnis* und kann nur im *aufwärts gerichteten Evolutionsgeschehen* der *vielstufigen Lebensschule Gottes* über *ungezählte Daseinszustände* (Einkörperungen) hinweg gewonnen werden. Denn sie unterliegt einzig den *geistigen Gesetzen des Kosmos,* ist *unveränderbar* und somit *unvergänglich.* Von ihr sprach *Jesus von Nazareth* bei *Matthäus, Kapitel 6, Vers 33,* wenn er sagte: *Zuerst trachtet nach dem Reiche Gottes und seiner Gerechtigkeit, so wird euch alles andere von selbst zufallen.*

Alles *Lebendige* innerhalb der Schöpfung - und in *allem,* ob es tot erscheint oder atmet, *lebt* der große weise Wille des Allmächtigen und Allwissenden (Ludwig Ganghofer) - ist das stoffgewordene Produkt von *Licht* und *Wärme.* Diese beiden fundamentalen schöpferischen Kräfte aber sind sicht- und spürbarer Ausdruck der alle Welten und Wesen durchdringenden *unversiegbaren geistigen Wirkenergie Gottes,* die zu erklären es nur eines einzigen unmißverständlichen Wortes bedarf: *Liebe*!

Denn sie ist die *mächtigste* und *unbezwingbarste* aller *geistigen Schöpferkräfte* überhaupt.

Aus diesem kraftvoll sprudelnden Quellgrunde ungetrübter Schaffensfreude gehen sämtliche Universen, Galaxien, Planetensysteme, Welten und Existenzen hervor. Unter ihrem von Licht und Wärme umfluteten Banner finden die Wesen zusammen, um in tiefster Herzenszuneigung ineinander aufzugehen und neues Leben zu zeugen. Nur in der Liebe ist die *Einswerdung im Geiste Christi* möglich. Und allein die gegenüber seiner gesamten Um- und Mitwelt unablässig in ihrem Namen vollbrachte Tat sichert der Gesamtheit als auch dem einzelnen Menschen *gesundes Ein-, Aus-* sowie *Vorankommen*. Denn wer unvoreingenommen gegenüber jeglichem Sein die *(Nächsten)Liebe tatverwirklicht*, der **wirkt** in der **Tat** in ihrem **Lichte** und wird *geheil(ig)t* an *Geist, Seele* und *Körper*. Dies verdeutlichend schrieb denn auch *Paulus* in seinem Briefe an die *Epheser, Kapitel 5, Verse 2, 8* und *9: Wandelt weiterhin in der Liebe und als Kinder des Lichtes, denn die Frucht des Lichtes besteht aus Güte, Gerechtigkeit und Wahrheit.*
Wenn der Mensch also in Einklang mit der Schöpfung, beziehungsweise deren Gesetzmäßigkeit gelangen will, um daraus den entsprechenden Nutzen zu ziehen, dann muß er dieser

Forderung des alten Bibelmannes gerecht werden. Denn nur die eigene *liebevolle innere*, also *geistige Durchlichtung* führt zwangsläufig auch zu seiner *äußeren, körperlichen Lichtwerdung*. Somit wird er zu einer jener *Lichtgestalten*, die, wie *Jesus von Nazareth* und viele andere, als *schöpferische Mitarbeiter Gottes*, im strahlenden Glanze des neuen *kosmischen Zeitalters Waterman*, durch *eigene Innenwesensänderung* eine *zukunftsträchtige Außenweltveränderung bewirken*. Damit aber erfüllt sich jene prophetische Voraussage, die *Paulus* in seinem *1. Briefe* an die *Corinther, Kapitel 3, Vers 9* machte: *Denn wir sind Gottes Mitarbeiter und ihr seid Gottes Acker und sein Gebäude.*

Dies zu bewirken, bedarf es keiner besonderen, vom *ichverhafteten Weltverstande bestimmten äußeren Anstrengung*, sondern lediglich einer *von tiefster Herzensweisheit geleiteten, auf die ewige universelle Wahrheit eingestimmten geistigen Einstellung*. Sobald dies geschieht, verbinden sich die *schöpferischen Lichtkräfte der Menschenseele* mit jenen aus dem *unversiegbaren Urquell der großen Weltenseele* und werden schließlich, im Verlaufe ungehinderten evolutionären Wachstums, mit diesen wieder *im Geiste Eins*.

Genau wie alles andere in der unendlichen Schöpfung, entstammen auch sie diesem *gemeinsamen Ursprung*, dessen sie sich wieder *rückbesinnen* müssen, um die *Religion des Herzens* und damit auch ihr *wahres Selbst*, sowie dessen *geistige Verwandtschaft* mit *Gott* und allem *Leben* zu erkennen. *Denn Gott ist Geist...und der Geist ist es, der da lebendig macht* (Ev. Johannes, Kap. 4/24 und 6/63).

Alles Leben ist also in seinem *ursächlichen Sinne* sichtbares Produkt einer *geistigen Kraftentfaltung* des *Weltenschöpfers*. Daher sprachen auch die Indianer immer wieder vom *Geiste des Lebens* der aus dem *Großen Geheimnis* hervorgehe, und dessen Stellvertreter *Vater Sonne* sei. Ihm und *Mutter Erde* gebühren höchste Verehrung und ständiger Dank. Denn allein die *ununterbrochene innige Vereinigung* deren beider *Energiepotentiale* garantiert das *stetige Hervor-* und *Vorankommen* des Lebens auf diesem Planeten.

Diese *geistige Schöpfer-* oder *Heilkraft* aber findet Ausdruck im *erkennbaren Licht* vonVater Son und der durch dieses aktivierten *spürbaren*

Wärme unserer Mutter Erde. Sie sind auf Erden die *Manifestation* der *uneingeschränkten Liebe Gottes* zu seiner Schöpfung. Ihr *innerstes Wesen* birgt daher unzweifelhaft die *mächtigsten* und *heilkräftigsten Energiekonzentrationen* überhaupt. Diese aber sollte der Mensch sich täglich nutzbar machen, um in seiner Gesamtheit wahrhaft *geheil(ig)t* zu werden und zum bereits oben erwähnten *Ein(en)Klang mit der Schöpfung* zu gelangen.

Jakob Lorber schreibt hierzu in seinen beiden Bänden *Die Geistige Sonne* folgende bemerkenswerten Sätze: *Die sichtbare materielle Sonne ist nichts als ein von der geistigen Sonne bedingtes, ihr selbst wohltätiges Organ, welches in allen seinen Teilen so beschaffen ist, daß sich in und durch dieselben das Geistige äußern und sich eben dadurch selbst wieder in seiner Gesamtheit völlig ergreifen kann. Wenn ihr auf eurem Erdenkörper hin und her wandelt und begegnet da zahllosen Gegenständen, welche alle von der Sonne wohl beleuchtet sind, da werdet ihr nicht einen finden, den ihr nicht mit euren Händen anfassen und weitertragen könntet, wenn nur sein Gewicht eure Kräfte nicht überragt; und ihr könnt bei keinem Gegenstande sa-*

gen, daß er nicht lichtaufnahmefähig wäre, und so ihr ihn ergreift, ihr auch zugleich sein Licht mit ergreifet. Nun aber versucht einmal, euch an dem freien Lichte zu vergreifen und traget es in Bündeln hin und her. Solches wird ein wenig schwer gehen. Denn das freie Licht läßt solch einen Akt durchaus nicht zu. Betrachten wir aber ein Beispiel, wie der Mensch das Licht genießen und sich dasselbe leibhaftig zunutze machen kann; allerdings nur auf dem Wege der göttlichen Ordnung.

*Woraus und woher reift wohl die Frucht des Baumes und des Weizenhalmes? Unfehlbar aus dem Lichte und aus der mit dem Lichte verbundenen Wärme. Eine Frucht ist sonach ein Produkt des Lichtes und der Wärme. Das Licht aber gibt sich hier der Wärme gefangen, und je mehr Wärme, desto mehr Licht wird sich auch derselben gefangen geben. Aus diesen zweien geht dann eine vollreife Frucht hervor, die ihr genießen könnt und nehmet auf diese Weise dann mit der genossenen Frucht mit der leichtesten Mühe von der Welt das gefangene Licht notwendig in euch auf, und dieses gefangene Licht ist auch jener **ätherische Stoff**, der eurem **Organismus** die **belebende Nahrung** gibt.*

Was *Jakob Lorber* hier beschreibt, diesen *ätherische Stoff*, der dem Menschen als *belebende Nahrung* dient, wird von *Hildegard von Bingen* als *Geschmackstoff*, *Feinstoff* und *Duftstoff* bezeichnet. Jahrhunderte später nannte *Dr. Wilhelm Reich* ihn *Orgon*; und neuerdings spricht die moderne Naturwissenschaft von *Photonen* oder, vereinfacht ausgedrückt, *Lichtenergiekörperchen*.

Ob *Chi*, *Prana*, *Äther*, *Photonen* oder *Orgon*, alle Umschreibungen sind nichts weiter als dem jeweiligen Kultur- und Wissensstande entsprechende unterschiedliche menschliche Wortschöpfungen für eine einzige unumstößliche Tatsache: *Die niemals endende, sich stetig erweiternde Schöpfung, wird getragen von einer alles Leben hervorbringenden und unablässig vorantreibenden, unermeßlich kreativen Fülle (geistiger) Lichtenergie, die weder Anfang noch Ende hat, weiblich oder männlich ist, über alle Ewigkeiten hinweg aus sich selbst heraus existiert und wofür alle Kulturen schließlich nur ein einziges Wort fanden: Gott!*

Dieser *Gott* aber ist *Liebe*, *Wärme*, *Licht* und *Leben*, die *unerschöpfliche*, *unversiegbare Kraft des Lebens* schlechthin. Alles existiert aus ihr, wird gleichermaßen von ihr umschlungen und durchdrungen, entwickelt sich durch sie gemäß den *ausschließlich nach oben* weisenden unumstößlichen und unbeeinflußbaren universellen Gesetzen der niemals endenden Evolution. Diese wiederum sind bestimmt und getragen vom *überall lebendigen, unerschütterlichen, liebevollen Vater-Mutter-Geiste* des gesamten endlosen Universums.

In diesem *Geiste* der *Liebe*, *Wärme* und des *Lichtes* auf Erden unablässig und selbstlos zu *wirken*, ihn also durch die *unvoreingenommene Tat täglich Wirklichkeit* werden zu lassen, ist über alle Ewigkeiten hinweg *göttlicher Auftrag* und *schöpferische Verpflichtung* für den Menschen. Unter dem *mächtigen geistigen kosmischen Kraft(ein)fluß des in diesem Sinne vorgeprägten Zeichens* des am Himmelshorizont aufsteigenden neuen Zeitalters, werden nun immer mehr Herzen für diese *ewige Wahrheit aufgeschlossen* und zur Umkehr auf dem *verhängnisvollen Wege* eines jeglicher Liebe entbehrenden Materialismus bewogen. Somit erfüllt sich in *diesen Tagen* unaufhaltsam, nach einem über viele Jahrtausende währenden *in die Irre gehen* des Erdenmenschen, jenes unmißverständliche

Vermächtnis, das *Jesus von Nazareth* bei *Matthäus, Kapitel 19, Vers 19* seiner Mit- und Nachwelt hinterließ: *Du sollst Deinen Nächsten lieben wie dich selbst.*

Diese Nächsten aber sind alle Wesenheiten, die der menschliche Geist berührt, ob er sie mit seinen *äußeren Augen* sehen kann oder nicht. Angefangen vom winzigsten mikrokosmischen Einzeller oder Staubkorn, über die Steine, Pflanzen, Insekten, Tiere und Menschen, bis hin zu seinem Heimatplaneten und darüber hinaus zu den Monden, Sternen, Galaxien und Universen und makrokosmischen Ausdrucksformen des ewig lebendigen Schöpfergeistes. Sie alle sind seiner höchsten Verehrung und liebevollen, tatbereiten, vor allem anderen aber von allen stofforientierten Egoismen befreiten behutsamen Zuwendung unablässig bedürftig. Allein durch die vom *Licht der Liebe* getragene Tat, kann das Herz des Menschen *durchlichtet* werden und er selbst in seiner Ganzheit *Heil(werd)ung* erlangen. Dies ist der von *Jesus* beschriebene *Weg*, den es zu gehen gilt, um zur *Wahrheit* zu gelangen (Ev. Johannes, Kap. 14, Vers 6).

Es kann also nur das *strahlende Licht* einer *geistigen Erneuerung* zur *gänzlichen*, weil *ganzheitlichen Erleuchtung* des *innersten lebendigen Menschenwesens* im Sinne der *ewigen Schöpfungsgesetzmäßigkeiten* führen. Diese, durch die *schöpferische energetische Schwingung* des *Waterman-Äons* ohnehin nun in den nächsten Jahrzehnten zügig *voranschreitende Entwick(e)lung* findet durch *sachgemäße Anwendung* der nachfolgend beschriebenen *Sonnenmittel* des *Jakob Lorber* eine deutliche Unterstützung, der sich die Menschen, sofern sie *guten* und *vertrauensvollen Willens* in das *weise Walten Gottes* sind, bedienen können.

Denn das *Licht* von *Vater Son* umfängt unablässig *Mutter Erde*, um in deren tiefstem Herzensgrund das *unauslöschliche Feuer der Liebe* zu entfachen und solcherart alle Wesenheiten dieses Planeten hervorzubringen, was sicherlich auf anderen Welten in gleicher Weise vonstatten geht. So sind alle, ob sie tot erscheinen oder atmen, groß oder klein, sichtbar oder unsichtbar, *Kinder des Lichtes aus dem Geiste Gottes*. Denn alles Leben geht aus Liebe und Licht hervor, um schließlich selbst zur *erleuchteten Schöpfersonne* zu werden. Dies wollte der *Apostel Paulus* zum Ausdruck bringen, als er in seinem Briefe an die *Epheser, Kapitel 5, Verse 8* und *9* schrieb: *Einst waret ihr in der Finsternis, nun aber seid ihr ein Licht aus dem Geiste des Herrn. Daher wandelt wie die Kinder des Lichtes, denn Früchte seines Geistes sind Güte, Gerechtigkeit und Wahrheit!*

Glas und Linse

Die Wahrheit liegt nicht im Feuer,
sondern in dessen sanftem
Lichte nur.
Jakob Lorber

Gemäß der Hinterlassenschaft *Jakob Lorbers* im Zusammenhang mit den *Sonnenmitteln*, haben die materiellen Dinge keine besondere Funktion, außer daß sie als *Informationsträger* und *Speicher* für die eingefangene *Sonnenlichtenergie* dienlich sind. Dennoch gelten auch für sie einige *wesentliche Kriterien*, deren Einhaltung von unabdingbar zwingender Voraussetzung sind, wenn der angestrebte Zweck erreicht werden soll. Dies gilt in gleichem Umfange auch für die Herstellung und Anwendung der nachfolgend geschilderten Sonnenmittel.

Bereits in frühesten Zeiten der Menschheitsgeschichte, als sich lange vor der Sintflut wahrhaft *blühende Sonnenkulturen* auf dem Planeten Erde entfaltet hatten, benutzten deren Menschen allein das Licht und die Wärme der Sonne zu ihren Heilzwecken. Sogenannte *Medikamente* (grch.: **medico** und **mens = Heilkraft aus dem Geiste!!!**), wie sie später aus der Natur, den

54

Pflanzen oder Steinen gewonnen wurden und schließlich heute künstlich auf chemischem Wege hergestellt werden, waren unbekannt. Man wußte um die alles belebende und heilende Kraft von *Vater Son* und wie diese am *zweckmäßigsten*, weil *dem Zwecke entsprechend im rechten Maße*, zu nutzen sei.

So legte man die kranken Menschen für kurze Zeit in die Sonne, wobei jene Teile des Körpers entblößt wurden, in denen sie Unbehagen oder Schmerzen empfanden. Die Besserung trat in aller Regel schon sehr rasch ein. Bei Bedarf wurden ihnen noch zusätzlich mit *Sonnenlicht betankte natürliche Substanzen* in *äußerst geringen Mengen* verabreicht. Wobei sich besonders das *Trinken von Sonnenwasser* großer Beliebtheit erfreute und weit verbreitet war.

Dazu muß noch erwähnt werden, daß es die damaligen Menschen peinlichst vermieden, Wasser zu trinken, das nicht zuvor für kurze Zeit dem Lichte der Sonne ausgesetzt war. Verdeckte Quellen wurden gemieden und nicht genutzt. Auch die heute gebräuchlichen Tiefbrunnen oder geschlossenen Rohrsysteme waren völlig unbekannt. Niemand trank oder verwendete bei der Zubereitung von Speisen *unbesonntes Was-*

ser, denn man wußte, daß es aufgrund seiner *Lichtlosigkeit* auch *ohne Kraft* und daher *nicht risikolos* zu genießen war. Denn - wie inzwischen eindeutig wissenschaftlich bewiesen - solche *energetisch verarmten Nahrungsmittel geben dem Menschen keine Energie, sondern nehmen ihm noch von der, die er hat.* Sie zehren ihn auf Dauer gesehen geradezu aus, was bei an Krebs erkrankten Patienten im finalen Stadium besonders gut zu beobachten ist. Dies gilt auch in ganz besonderem Maße für die heute gebräuchlichen industriell hergestellten Nahrungsmittel in allen sogenannten *hochzivilisierten Nationen* der Moderne.

Was den Völkern der Frühzeit im Zusammenhang mit dem *Sonnenlicht* wohlbekannt war und durch die heutige Wissenschaft vermeintlich neu-, tatsächlich aber nur wiederentdeckt wird, blieb *Jakob Lorber* bei seiner *visionären Schau* nicht verborgen. So schrieb er denn auch unter anderem: *Das Licht der Sonne führt reinere Geister mit sich. Diese Geister haben die größte Verwandtschaft mit den substantiellen Teilen der Seele des Menschen. Wenn durch die Einwirkung solch reinerer Geister der Seele eine sicher kräftige Stärkung zugeführt wird, so wird* dann die also gestärkte Seele mit irgendeiner in ihrem Leibe entstandenen Schwäche sehr leicht und bald fertig, **weil die Gesundheit des Leibes gleichfort einzig und allein von einer hinreichend kräftigen Seele abhängt.**

Denn wo immer irgendeine Schwäche in der Seele auftritt und die Seele selbst auf einem geordneten Wege sich keine Stärkung verschaffen kann, da wendet sie sich an ihren eigenen Nervengeist und zieht aus ihm das ihr Mangelnde an sich. Dafür entsteht dann in den Nerven ein offenbarer Mangel an jenem **Lebensfluidum** (Orgon, d. V.), durch das allein sie in der rechten Spannung erhalten werden.

Die Nerven, dadurch gewisserart hungrig, saugen dann eine **noch zu wenig reine Kost aus dem Blute.** So entsteht dann ganz natürlich ein unnatürlicher Lebensprozeß in der Natur des Fleisches, aus dem alle möglichen *Krankheiten* entstehen können, **wie sie einem oder dem anderen Teile, der in der Seele schwach geworden ist, entsprechen.**

Da aber in den **reinen Sonnenlichtgeistern** alle jenen Seelensubstanzen, aus denen die Seele selbst besteht, sich vorfinden, so ist es für die Seele ein leichtes, aus ihnen das zu ihrer Stärkung zu nehmen, was ihr abging, um dadurch auch wieder die frühere Ordnung in ihrem Nervengeiste, und durch diesen in den Nerven und im Blute die rechte Lebensspannung zu bewerkstelligen.

Aus eben diesem Grunde ist auch in vielfacher Hinsicht eine **rechte Homöopathie** jeder **Allopathie** (Schulmedizin, d. V.) *bei weitem vorzuziehen. Denn durch die Homöopathie wird alsogleich **Geistiges,** das der Seele verwandt ist, der Seele zugeführt, und **die Seele selbst,** wenn sie irgend etwas in ihr Abgängiges oder wenigstens Geschwächtes von außen her in sich aufgenommen hat, **wird dann Arzt ihres Leibes.**

*Bei der **Allopathie** aber wird der Leib gezwungen, zuvor ein Arzt seiner Seele zu werden. Und so diese allenfalls durch großen Jammer des Leibes gesund geworden ist, dann erst kann sie sich rückwirkend über die* (wirkliche, d. V.) *Herstellung ihres Leibes machen, was doch sicher der ungeeignetste Weg zur Wiedererreichung der vollen Leibesgesundheit ist, was jeder aus der* (in aller Regel, d. V.) *langwierigen, siechenhaften Rekonvaleszenz des Leibes - und auch der Seele - mit unbewaffnetem Auge leicht ersehen kann.*

Wie gesagt, ist sonach die **Homöopathie eine rechte Heilmethode**; *Aber wohlbemerkt, es gibt eine* **zweifache Homöopathie**, *nämlich*:

Erstens eine **spezielle** (von Hahnemann begründet, d. V.), *die in ihren Erfolgen notwendig unsicherer ist, weil selbst ein noch so geschickter Arzt nicht stets sicher erkennen kann, wo und welche Teile in der Seele geschwächt sind* (durch gewissenhaften Einsatz des heute verfügbaren Theo-Don-Gerätes wird dieser Unsicherheitsfaktor auf ein Minimum reduziert, d. V.). Es ist daher der **allgemeinen Homöopathie** *volles Augenmerk zu widmen, weil durch sie kein Arzt fehlen kann. Und diese Art der Homöopathie ist die* **Heilkraft der Sonnenstrahlen.**

Den Aussagen *Jakob Lorbers* über die Entstehung von Krankheiten und den zu bevorzugenden Weg zu deren Heilung, gibt es nichts hinzuzufügen. Denn sie sind eine klare Bestätigung jener Erkenntnisse und Forderungen, die schon in der Antike von den damals berühmten Ärzten gestellt wurden, wenn diese sagten: *Zuerst heile die Seele!* - Oder: *Wenn du einen Menschen heilen willst, dann beginne mit dessen Seele!*

Die gleiche Auffassung wurde übrigens unter vielen andern auch von *Hildegard von Bingen*, *Paracelsus*, *Samuel Hahnemann* und *Emil Schlegel* vertreten und findet gerade in heutiger Zeit auf breitester Ebene wieder immer größere Anerkennung. Was wunder also, wenn im Zuge der *geistigen Erneuerung* des Erdenmenschen in diesem Zusammenhang auch das Interesse an den *Sonnenmitteln* des *Jakob Lorber* wiedererwacht.

Da sich deren *industrielle* oder *fabrikmäßige Produktion* aus naheliegenden Gründen von selbst ausschließt, und außerdem *jegliche gewinnorientierte Vermarktung* durch die klare, an den Aussagen eines *Jesus von Nazareth* orientierten Weisungen *Jakob Lorbers* unterbleiben sollte, bleibt letztendlich zur Herstellung die Selbsthilfe. Zumal, ähnlich wie bei der *Orgon-Edelstein-Therapie* nach *Hildegard von Bingen*, durch die Anwendung der *Sonnenmittel* keine negativen Begleiterscheinungen hervorgerufen werden können, da ja deren Wirkungsweise sich immer über die *in bestimmten Teilen geschwächte Seele* entfaltet, wo ausschließlich diese *Schwäche* beseitigt wird, damit von dort aus eine in ihr ursächlich gründende körperliche

Unpäßlichkeit beseitigt werden kann. Denn nur so ist eine wirkliche *Heil(ig)ung* im *ganzheitliche Sinne* möglich. Natürlich sind hier nicht ausschließlich interessierte *Laien* und hilfesuchende *kranke Menschen* angesprochen, sondern ganz besonders für die *geistigen Zusammenhänge* in der Schöpfung *offene Heilpraktiker* oder *Mediziner*, die ihren Beruf *in der Tat als tiefe innere Berufung* verstehen und ganz im *Geiste* des großen *Paracelsus* dessen Forderung vom *Idealbild* des *wahren Arztes* nachstreben.

Um die hier besprochenen *Sonnenkügelchen*, das *Sonnenwasser* und die *Sonnenwasserkügelchen* herzustellen, werden keine größeren technischen Gerätschaften oder Einrichtungen benötigt. Erforderlich sind lediglich *dunkel-blauviolette Glasschalen* mit niedrigem bzw. höherem Rand, für die Aufbewahrung der *Sonnenmittel gleichfarbene Flaschen mit Glasverschluß* (braune Apothekerflaschen tun es auch, wobei aber nach ca. 4 Monaten ein deutlicher *Energieverlust* der darin aufbewahrten *Sonnenmittel* zu verzeichnen ist), eine kräftige Linse, eine Pinzette und chlorfrei gebleichtes sauberes weißes Papier zum Trocknen der *Sonnenwasserkügelchen*.

Diese *dunkel-blau-violette Färbung* des Glases wird von *Jakob Lorber* besonders hervorgehoben, da ihr eine ganz *spezielle Bedeutung* zukommt, die von *allergrößter Wichtigkeit* für das spätere Produkt ist. Denn am Grunde der daraus hergestellten Schalen *formiert sich das **einfallende Sonnenlicht** zu einem **hochverdichteten rechtsdrehenden Energiewirbel***. Diese Tatsache ist Ursache für zwei zur gleichen Zeit stattfindende entscheidende Vorgänge.

Einmal werden alle sich am Grunde der Schale befindlichen Substanzen, hier vorzugsweise *neutrale Milchzuckerkügelchen*, wie sie in der Homöopathie als sogenannte *Globuli* Verwendung finden, mit einem *konzentrierten Lichtenergiepotential aufgeladen*. Gleichzeitig wird aber auch der *negative Schwarzanteil* des *Sonnenlichtspektrums restlos herausgefiltert* (nach Außen regelrecht weggeschleudert, d. V.) und damit *absolut unwirksam*.

Was übrig bleibt ist also das *reine, mit der positiven Energie aller anderen Farben versehene (Seelen)Licht von Vater Son*. So wird es absolut *einleuchtend*, daß sich durch Einnahme einiger dieser solcherart *programmierten Sonnenkügelchen* eine in ihrer *Substanz* irgenwo *geschwäch-*

te Menschenseele aus diesem wahrhaft *vielfarbigen Angebot* sehr leicht genau jene *Information* heraussuchen und übernehmen kann, die ihr zur *heil(ig)enden Stärkung* gerade fehlt. Allein auf diese Weise wird sie befähigt, auch eine dauerhafte *körperliche Gesundung* herbeizuführen.

Die gleiche *Wirkfunktion* trifft auch auf alle anderen *Sonnenmittel* zu. Sie gilt sogar für das einfache, *sich dem Sonnenlichte jeden Morgen für kurze Zeit Gegenüberstellen*, um es *bewußt einzuschlürfen*. Nicht ohne Grund war diese *Übung* bei den *Druiden* der alten *nordischen Völker* weit verbreitet und wird noch heute von einigen *Medizinmännern* der *nordamerikanischen Ureinwohner* mit *erhobenen Armen* und im *vollen Bewußtsein der inneren Einheit allen Lebens* täglich praktiziert.

Jakob Lorber kennt auch diese Tatsache und ermutigt die Menschen zur freudigen Übung: *Die Sonnenmahlzeit ist längst schon bekannt. Man braucht sich nur der leuchtenden Sonne gegenüberstellen und das ihr entströmende Licht fleißig in sich hineinschlürfen, und man wird da jede grobe Mahlzeit ersparen. Es kommt da nur auf eine Probe an. So soll nur je-*

mand zehn Tage lang eine Sonnenmahlzeit halten, und sein Organismus wird ihm schon am zweiten Tage kundgeben, wieviel des (Sonnen)Nahrungsstoffes er in sich eingeschlürft hat.

Natürlich kann ein Mensch nicht ein ganzes Erdenleben lang ohne stoffliche Nahrung auskommen. Was von *Jakob Lorber* hier angesprochen wird, ist eine regelmäßig vorgenommene *Fastenzeit* von *zehn Tagen Dauer*, wie wir sie auch von *Hildegard von Bingen* kennen. Zweimal im Jahr sollte sie durchgeführt werden, im Frühjahr und Herbst, und immer in den *Neumondtagen*, für *sieben* bis maximal *zehn Tage*. Dabei sind die *täglichen Sonnenmahlzeiten* von großer Bedeutung und können auch durchgeführt werden bei bedecktem Himmel und regnerischem Wetter. Denn die Sonne scheint hinter den Wolken weiter, und ihre Strahlen erreichen auch durch diese hindurch unsere Mutter Erde. Es genügt allein, wenn wir wissen wo sie gerade steht, um ihr in ruhiger, dankbarer Konzentration das Gesicht mit erhobenen Armen zuzuwenden. Frühmorgens geht die Sonne im Osten auf, also ist dies die günstigste Zeit für unsere Übung.

Wenn uns solches Tun zur lieben Gewohnheit wird, dann werden wir schon bald im *Geiste*, in der *Seele* und am *Körper* jener *Urwahrheit* gewiß, die von den *Ojibwa-Indinanern* in einem ihrer Gebete mit folgenden Worten zum Ausdruck gebracht wurde: *Du, Vater, übst durch die Sonne deine Macht aus, die Nacht zu vertreiben, einen neuen Tag zu bringen, ein neues Leben, eine neue Zeit.*

Sonnenkügelchen

O goldene Kraft, wie herrlich
bist du! Du bist im ersten Klang
hervorgegangen, so daß alle
Elemente ihr Leben empfingen.
Hildegard von Bingen

Ob *Sonnenkügelchen* oder *Sonnenwasser*, die Herstellung kann nur im Sommer erfolgen, wenn die Sonne ihren höchsten Stand erreicht, also am besten zur Mittagszeit. Bei den *Sonnenwasserkügelchen* handelt es sich um eine *Weiterführung* der *Lorberschen* Angaben, die besonders für Kinder geeignet erscheint, da sich deren Wirkung sehr viel *sanfter entfaltet* als die der anderen beiden hier besprochenen *Sonnenmittel*.

Nach *Jakob Lorber* sollen die *dunkel-blau-violetten Schalen* einen Durchmesser von etwa *sieben* (7) *cm* haben, bei einer Randhöhe von *zweieinhalb* (2 1/2) *cm*. Auf deren Boden wird nun *eine Schicht neutraler Milchzuckerkügelchen* ausgebreitet, wobei diese keinesfalls übereinander liegen dürfen, sondern schön geordnet eines neben dem anderen. Das ganze soll nun *dreißig Tage lang für mehrere Stunden täglich* der *mindestens 45 Grad hochstehenden Sonne ausgesetzt werden.* Dies stellt in Mitteleuropa ein schier unmögliches, weil viel zu langwieriges Unterfangen dar, sodaß dieser Vorgang von einer Gruppe engagierter Leute in den Süden (Insel Kreta und Italien) verlegt wurde, was wiederum erhebliche Umstände mit sich brachte.

So wurde schließlich, unabhängig von dieser Gruppe, der Gedanke geboren, zu untersuchen, ob die zur Zubereitung des *Sonnenwassers* vermittels einer *starken Linse* von *Jakob Lorber* beschriebene Methode auch auf die Herstellung der *Sonnenkügelchen* angewendet werden konnte. Denn schließlich war bei einem positiven Ergebnis mit einer erheblichen Reduzierung der Gesamtprozedur zu rechnen.

Alle sofort begonnenen Versuche verliefen erfolgreich. Darüber hinaus ergaben sich zwei, von der Durchführungszeitspanne her zwar geringfügig unterschiedliche, dafür aber für jedermann leicht nachvollziehbare Möglichkeiten, sofern alle dazu erforderlichen Gerätschaften zur Verfügung stehen.

1. Neutrale Milchzuckerkügelchen in *einer Lage* auf dem Boden der *dunkel-blau-violetten Glas-*

schale ausbreiten. Diese nun in eine *möglichst senkrechte Position zu den einfallenden Sonnenstrahlen* bringen. Dann die *Linse* (mit der rauhen Seite zur Sonne) so zwischen *Glasschale* und *Sonne* bringen, daß die *Sonnenstrahlen* ebenfalls *senkrecht hindurchfallen* und der *Brennkegel* auf dem Boden der *Glasschale* gerade dessen *Gesamtfläche* abdeckt. Diese Prozedur nach **Einer (1) Minute** beenden und die so mit reiner Sonnenlichtenergie aufgetankten *Sonnenkügelchen* in der oben angesprochenen *dunkel-blau-violetten Glasflasche* aufbewahren.

2. Zunächst vorgehen wie unter 1. beschrieben. Dann aber die Linse in der Weise zwischen *Glasschale* und *Sonne* positionieren, daß der *Brennpunkt mittig auf die neutralen Milchzuckerkügelchen trifft.* Nun den *Brennpunkt* **Eine (1) Minute** lang in kreisenden Bewegungen nach außen führen. Weiter wie unter 1. Ganz gleich welcher dieser beiden Methoden der Vorzug gegeben wird, in jedem Falle stehen die in ihrer *Wirkungsintensität gleichen Sonnenkügelchen* zur Verfügung, als wären sie über dreißig Tage dem Sonnenlicht ausgesetzt gewesen. Dies haben alle anschließend durchgeführten Tests

ergeben. Dabei wurde bewußt auf den Einsatz des Pendels verzichtet, und die zahlreichen Untersuchungen vermittels eines *Theo-Don-Gerätes* vorgenommen.

Sonnenwasser

Gross und klein, arm und reich,
alle schöpfen aus mir, als aus
einem lebendigen Quell,
lebendiges Wasser.
Thomas a Kempis (1380 - 1471)

Um *Sonnenwasser*, oder, wie *Jakob Lorber* sagt, *gesonntes Wasser* herzustellen werden eine höhere Schale beziehungsweise ein *Trinkglas* aus *dunkel-blau-violettem Glas* sowie die bereits angesprochene *Linse* benötigt.

Nachdem *reines Wasser* in das gewählte Behältnis gefüllt wurde, soll der *Brennpunkt* des *senkrecht* durch die *Linse* fallenden *Sonnenlichtes* ungefähr in der *Mitte* zwischen *Wasseroberfläche* und dem *Grunde* zu liegen kommen. Diese *Prozedur* darf aber nicht länger als *maximal dreißig* (30) *Sekunden* durchgeführt werden, also 1/2 Minute.

Das solcherart *gesonnte Wasser* soll zu *öfteren Malen am Tage schluckweise getrunken werden.* Als Variante kann auch ein *unverfälschter Wein* (trockene einfache Landweine) genommen werden, sofern er nicht längere Zeit in *eichenen Fässern*, sondern schon bald nach seiner Reifwerdung zur Lagerung auf *gläserne Flaschen* gezogen wurde. Die Zubereitung ist identisch.

Menschen mit *geschwächten Nerven* sollten diesen *gesonnten Wein* dem *gesonnten Wasser* vorziehen.

Sonnenwasser als auch *Sonnenwein* können aufgrund ihrer *sanften Wirkunsweise* öfter genommen werden als die *Sonnenkügelchen*.

Sonnenwasserkügelchen

Deine Gesundheit folgt immer den
Schwingungen deiner Seelenzu-
stände.

Paramhansa Yogananda (1893 - 1952)

Bei den *Sonnenwasserkügelchen* handelt es sich
um eine Weiterführung der *Lorberschen* Angaben. Die Wirkung entspricht der des *Sonnenwassers*. Gegenüber diesem liegt jedoch der
Vorteil darin begründet, daß sie in größerer
Menge hergestellt und auch aufbewahrt werden
können. Dazu benötigt man wieder die oben bereits erwähnten *dunkel-blau-violetten Glasfla-
schen*.

Sonnenwasserkügelchen erhält man, indem mit
einer *sauberen Pinzette* einzelne *neutrale
Milchzuckerglobuli* kurz in *gesonntes Wasser
getaucht* werden. Zum Trocknen legt man sie
auf das erwähnte Papier an einen möglichst
hellen, *staubfreien Ort*.

Da die Einnahme problemlos ist, eignen sie sich
ganz besonders zur *kurmäßigen Anwendung
über einen längeren Zeitraum* für unter *Schul-*

oder *Familienstreß* leidende *nervöse antriebs-arme Kinder.*

Selbstverständlich sind auch Erwachsene davon nicht ausgenommen. Wobei insbesondere Frauen im *Klimakterium* durch regelmäßige Einnahme eine deutliche Linderung der damit verbundenen Beschwerden erfahren.

Grundregeln der Anwendung

> Der Kranke, der die *rechten Arzneien* nimmt und seine *Diätvorschriften* befolgt, erlangt seine Gesundheit durch eigene Kraft, nicht aber durch die Anstrengung anderer.
> Shankara (788 - 820 n. Chr.)

Die erfolgreiche Anwendung der *Sonnenmittel* erfordert außer einer entsprechenden *gläubig-vertrauenden Geisteshaltung*, auch die *strikte Einhaltung* einiger *grundsätzlicher Regeln*. Wobei nicht nur der *Einnahmezeitpunkt*, die *Einnahmemenge* oder *Einnahmedauer* von Bedeutung sind, sondern in besonderer Weise auch die *vor*, *während* und für einige Zeit *danach* unabdingbar durchzuführenden *Ernährungs-* beziehungsweise *Diätratschläge*. Sie gelten grundsätzlich für alle hier geschilderten *Sonnenmittel*. **Drei bis sieben Tage vor, sowie die gesamte Dauer und mindestens einen Monat nach der Anwendung** sollte auf jegliche *grobstofflich-gewaltprogrammierte Ernährung* verzichtet werden. Darunter fallen alle sogenannten Nahrungsmittel, die von *toten Tieren* gewon-

74

nen werden. Hierzu zählen auch Fische und Geflügel. Auch Milchprodukte (Käse, Sahne, Butter usw.) sowie berauschende Getränke (Bohnenkaffee in jeglicher Art, entkoffeeinierter Kaffee ist immer noch mit seiner ursprünglichen Information behaftet - schwarzer und grüner Tee, Pfefferminztee, Alkohol, Drogen usw.), Eierspeisen und Tabak sind abzusetzen.

Vegetarische Ernährung ist angeraten, wobei Getreide (Dinkel, Roggen, Hafer, Gerste), frische Grünsalate (leicht mit Öl, Salz und Pfeffer gewürzt), Karotten, Kartoffeln und gesundes Obst (besonders Äpfel und gekochte Quitten - *keine Erdbeeren, Pfirsiche und Pflaumen*) den Kohlgemüsen vorzuziehen sind. *Weizen, Tomaten, Gurken, Paprika und Stangenlauch sind als äußerst bedenklich einzustufen.*

Als Getränke sollten reines Wasser, Kräutertees und Getreidekaffee bevorzugt werden.

Anwendung und Indikation

In aller Regel werden die *Sonnenmittel* oral eingenommen. Ihr jeweiliges *Schwingungsmuster*
kann aber auch vermittels eines *Orgon-Strahlers*
über den *Solarplexus* für die Dauer von *fünfzehn*
(15) *Minuten* eingestrahlt bzw. in eine *Ampulle*
(2 ml) *neutraler Kochsalzlösung* übertragen (mit
Orgon-Turbo 1 Minute) und im. oder iv. inji-
ziert werden. Letzteres gilt allerdings nur für
zugelassene Heilpraktiker und *Ärzte*.
**Grundsätzlich sollte vorher die zu erwarten-
de Reaktion *ausgetestet* werden. Denn alle
Menschen unterscheiden sich voneinander
und nicht jeder Tag ist immer günstig, um
eine solche Therapie zu beginnen (Siehe
auch: Jens-J. Schlegel / Von Menschen,
Pflanzen, Steinen und Sternen / Licht-Quell-
Verlag Regensburg / ISBN 3-926563-13-3).
Die dabei bevorzugten Testmethoden bleiben
den einzelnen Therapeuten bzw. Anwendern
überlassen.**

Sonnenkügelchen:

Die *Sonnenkügelchen* sollten an **drei aufeinanderfolgenden Tagen jeweils 1 Kügelchen (also maximal 3 Kügelchen in einer Serie), möglichst frühmorgens vor Sonnenaufgang eingenommen werden.** Es ist anzuraten, diese Maßnahme **höchstens zweimal im Jahr** durchzuführen. Insgesamt nicht mehr als **6 Kügelchen im Jahr.**

Gleiches gilt für die **Einstrahlung** vermittels eines Orgon-Strahlers über den Solar-Plexus, **dreimal an drei aufeinanderfolgenden Tagen, frühmorgens vor Sonnenaufgang.**

Die oben beschriebenen **Injektionen** sollten nur **eine pro Halbjahr** vorgenommen werden, da deren **Effekt besonders tiefgreifend und langanhaltend ist, besonders wenn sie iv. durchgeführt werden. Hierbei hat sich herausgestellt, daß der Verabreichungszeitpunkt keine wesentliche Rolle spielt.**

Es sei nochmals daraufhingewiesen, daß in allen drei Fällen eine vorherige Testung unerläßlich ist.

Indikation:

Alle Formen von Depression (unerklärliche Ängste, mangelnde Lebensfreude, Schwermut usw.).

Man denke in diesem Zusammenhang an *Hildegard von Bingen*, die von der **großen Traurigkeit des Herzens** sprach, als **Ursache aller Krankheiten**, und deren **Auslöser die uferlose Gottvergessenheit der Menschen sei.** Daraus folgt:

Alle Herzerkrankungen (Angina pectoris, Herzinsuffiziens, Herzneurosen, Herzinfarkt-Nachbehandlung usw.).

Hierzu ein eindrucksvolles Fallbeispiel: Ein 56-jähriger Patient mit einer ausgeprägten Hypertrophie des Herzens und dem damit verbundenen entsprechenden Leistungsabfall sollte demnächst transplantiert werden, weil gemäß schulmedizinischer Ansicht eine auf medikamentösem Wege anzustrebende Verbesserung des Zustandes nicht mehr zu erreichen sei. **Eine im Frühjahr 1996 vorgenommene Testung der Sonnenkügelchen sowie einiger Hildegard-Heilmittel** (Edelkastanienmehl, Galgantwein, große Herzkur, Jaspis-Scheibe) **versprach**

uneingeschränkt positive Reaktion. Es wurde daraufhin an einem Mittwoch Vormittag 11.00 Uhr (Sonnenstunde / siehe oben erwähntes Buch) **eine einzige Injektion Sonnenkügelchen iv. vorgenommen. Weiterhin kamen unter einer begleitenden Orgon-Dauer-Bestrahlung** (Haare) **die oben genannten Hildegard-Heilmittel im Wechsel zum Einsatz, bei gleichzeitiger stetiger Reduzierung aller chemischen Medikamente. Nach vier Monaten Behandlungsdauer ergab die routinemäßig anstehende ärztliche Untersuchung** (Ultraschall, Computertomographie usw.) **eine geradezu** *wunderbare* - weil an ein *bares Wunder* grenzende - **Veränderung, was der betroffene Patient allerdings schon fast zwei Monate vorher in Form von deutlich gesteigertem Wohlbefinden verspürte. Der Herzmuskel hatte sich in seiner Gesamtheit** (Größe und Leistung) **um mehr als fünfzig (50) Prozent regeneriert. Ein Prozeß der derzeit immer noch fortschreitet.**

Große Hilfe versprechen die **Sonnenkügelchen** auch im Zusammenhang mit der gefürchteten Krankheit **MS** (Multiple Sklerose).

Auch hierzu wieder ein Fallbeispiel: Eine 40-jährige Patientin mit beginnender fortschreitender **MS** erhält **nach positiver Testung** im Verlaufe eines Jahres **zwei Injektionen Sonnenkügelchen iv.** Begleitend dazu eine **Orgon-Dauer-Bestrahlung,** außerdem noch im Wechsel **Agaricus** und **Gelsemium** in **homöopathisch unterschiedlichen Potenzierungen** zur oralen Einnahme. Die inzwischen vorgenommene **Kernspin-Tomographie** ergab gegenüber den vorher gemachten Untersuchungen **im Rückenmark keine nachweisbaren Krankheitszeichen mehr. Lediglich im Bereich des Gehirnes waren noch einige leichte Hinweise zu erkennen.**

Sonnenwasser

Das *Sonnenwasser* kann unbedenklich regelmäßig genossen werden. Es führt zu einer insgesamt deutlich spürbaren Aufhellung des Gemütes, stärkt das körpereigene Abwehrsystem, und bringt so auf lange Sicht gesehen ein besseres Wohlbefinden.
Einnahme: 3 - 7 Teelöffel voll über den Tag verteilt. Bitte keinen Metall-Löffel benutzen.

Sonnenwasserkügelchen
Für sie gilt, was über das *Sonnenwasser* gesagt wurde. Allerdings haben die *Sonnenwasserkügelchen* den Vorteil, daß sie in großer Menge herstellbar und auch für die dunkle, sonnenlichtarme Jahreszeit (Winter) sehr gut aufbewahrt werden können. Wie schon erwähnt, haben sie sich ganz besonders bei *nervösen Kindern* bewährt.
Einnahme: 3 - 7 Kügelchen über den Tag verteilt.

Auch **Sonnenmittel** sind **keine Wunderpillen,** wie sie ja immer noch von den meisten Menschen gesucht, mit oft fragwürdigen Versprechungen angeboten und auch in großen Mengen verkauft werden. Den alleinigen (finanziellen) Nutzen von solch dubiosen Vertriebspraktiken haben allein deren Vertreiber.

Für die hier besprochenen **Sonnenmittel** gilt uneingeschränkt das diesem Kapitel vorgegebene Leitmotiv. Wer sich ihrer großen **heil(ig)enden Kraft** im **rechten Geiste** bedient und gleichzeitig die angesprochenen **Ernährungsratschläge befolgt**, wird den **Erfolg** einer tiefgreifenden positiven Veränderung seines **innersten Wesens** und **nachfolgend** auch **körperlichen Befindens** am eigenen Leibe erfahren. Er wird in der **Gesamtheit** von **Geist**, **Seele** und **Körper durchlichtet** und mit seinem **ganzen Sein** emporgehoben, dem **ewigen Schöpferlichte entgegen**. Damit aber ist er endgültig befähigt, seinen **ursächlichen Schöpfungsauftrag** in die Tat umzusetzen und mit **Sinnen** und **Trachten** am Aufbau einer von *umfassender gegenseitiger Liebe geprägten humaneren Welt* mitzuwirken. Ganz den Worten einer *Hildegard von Bingen* entsprechend, die einmal sagte: *Gott hat die Wohnstatt der Seele, die Leiblichkeit, mit solch großer Fülle an Geist ausgestattet, daß sie* (die Seele, d. V.) *in ihr alle Tugenden wirken kann.*

Epilog

Ich aber, o Mensch, habe dich
vor Grundlegung der Welt schon
gekannt. So will ich deine
Tage entsprechend deiner Werke
erwägen, deren Gewinn will ich
beurteilen und all dein Tun
gewissenhaft prüfen.
Hildegard von Bingen

Das am Himmelshorizont unaufhaltsam herauf-
ziehende große neue kosmische Zeitalter, begin-
nend unter dem Zeichen des *Wassermann* (Water
Man = weiser Mensch), wird von einem *geistigen Energiefeld* getragen, dessen *Schwingungs-
frequenz* deutlich *kurzwelliger, feiner* und *subti-
ler* (tiefdringender) ist als alles bisher dagewesene. Dieses Ereignis folgt der *ewigen schöpfungs-
gesetzmäßigen Vorsehung* und hebt das *gesamte
Planetensystem* mit allen in und auf ihm existie-
renden *Wesenheiten* auf eine *höhere Ebene seiner evolutionär ausgerichteten Gesamtentwicklung.* Für den *Erdenmenschen schlägt damit die
von allen bisherigen Sehern, einschließlich des
Jesus von Nazareth angekündigte Stunde* einer
völligen geistigen Neuorientierung seiner bisherigen *Weltsicht* und *Lebensgepflogenheiten.*

Denn alles ist Geist, und somit durch eine untrennbare Kette innigster Verwandtschaft miteinander verbunden. In seiner *Ganzheit heil werden* kann der Mensch daher nur, wenn ihm diese Erfahrung zuteil wird, und er die gesamte Schöpfung, einschließlich seiner *Mutter Erde*, mit all ihren *Existenzen*, den *Flüssen, Wäldern, Bergen, Steinen, Pflanzen, Tieren und Menschen als Teil seines eigenen innersten Wesens erkennt und zu lieben beginnt.*

Das ist das große Schöpfungsziel überhaupt. Dem Menschen im Verlaufe einer unendlich langen Entwicklung seine eigene Verantwortung bewußt werden zu lassen, die ihm, als einzigem Geistwesen auf dieser Erde in der Fähigkeit, seinen Weg selbst mitbestimmen zu können, verliehen wurde.

Diesen *geistigen Evolutionssprung*, das endgültige *Niederreißen* aller *materieller Beschränkungen* und *Öffnen des innersten Wesensgrundes im Herzen der Menschen* ist vorprogrammierte Codierung der sich jetzt immer stärker auswirkenden kosmischen Schwingungsintensität. Niemand und nichts in dieser Welt kann sich diesem Prozeß entziehen, auch wenn es an zahlreichen Versuchen solcherart derzeit nicht mangelt. Alles und alle werden schließlich schon in wenigen Jahrzehnten in dieser umfassenden *geistigen Integrationsbewegung* aufgegangen sein und dem Entstehen einer neuen *strahlenden Sonnenkultur* Vorschub leisten.

Die diese Entwicklung im Augenblick noch hemmenden inneren Blockaden mit aufzulösen sind alle hier besprochenen *Sonnenmittel* geradezu ideal geeignet. Dies ist auch der Grund, warum sie in diesen Tagen wieder neu entdeckt werden, um dem Erdenmenschen, ganz ihrem *innersten Lichtwesen entsprechend*, bei seiner kurz bevorstehenden **Wiedergeburt im Geiste** hilfreich zur Verfügung zu stehen. So seien sie allen, die *guten Willens* sind, am Aufbau einer besseren Welt in Denken und Tun mitzuwirken, im wahrsten Sinne des Wortes zur *gläubigen* und *freudigen Benutzung* **an das Herz gelegt**, mit der nachdrücklichen Aufforderung des *persischen Dichters Omar Khayyam* (1045 - 1122 n. Chr.), der da einst schrieb: *Der Sonn umfängt die Welt mit seinem Strahlenfächer, König Tag schenkt Wein in seinen Becher. Und horcht, der helle Ruf des Morgenboten schmettert sein* **"Trinket!"** *über Hof und Dächer.*

Bezugsquelle

Alle zur Herstellung der hier besprochenen Sonnenmittel erforderlichen Gerätschaften (Linsen verschiedener Größe, Schalen und Flaschen aus dunkel-blau-violettem Glas, Pinzette usw.) sind bei der nachfolgend angeführten Adresse erhältlich:

Richard Weigerstorfer GmbH
Postfach 10 10 20
D-93010 Regensburg
Tel. 0941/ 79 38 42
Fax 0941/ 79 49 10

Quellennachweis

Lorber, Jakob   Heilung und Gesundheitspflege
Bietigheim 1980 ISBN 3-87495-127-8

Die Heilkraft des Sonnenlichtes Bietigheim
1985 ISBN 3-87495-148-0

Die Geistige Sonne Band 1Bietigheim 1989
ISBN 3-87495-206-1

Die Geistige Sonne Band 2 Bietigheim 1989
ISBN 3-87495-207 X

Hilfsmittel zum Herstellen von Sonnenmittel

Die Firma Weigerstorfer GmbH läßt zur Zeit die von Jakob Lorber empfohlenen Geräte zur Herstellung von Sonnenmittel in größerer Stückzahl herstellen.

Bitte fordern Sie bei Interesse die Unterlagen unter dem Stichwort „Sonnenmittel" unter folgender Adresse an:

Richard Weigerstorfer GmbH
Postfach 10 10 20
D-93010 Regensburg
Tel. 0941/ 79 38 42
Fax 0941/ 79 49 10